EL CONVENCIONALISTA NO CONVENCIONAL

Coagulando posibilidades desde el caos

Contenido

Prólogo

No convencionalidad - ¿Realmente lo es?

Unconventionality – Is it really?

En la elaboración del prólogo de "El Convencionalista No Convencional: Coagulando Posibilidades desde el Caos", me encuentro reflexionando sobre un viaje que ha sido tanto sobre descubrirme a mí mismo como sobre comprender las complejidades de facilitar que personas, lugares y cosas trabajen juntos armoniosamente.

El desarrollo de este libro es un testimonio del poder inesperado y transformador de la conexión y la tecnología. Comenzó con un momento de vulnerabilidad compartido públicamente en LinkedIn, donde juguetonamente reprendí a Thomas Power por ignorarme, sabiendo que no fue intencional.

Este acto de apertura condujo a un giro inesperado cuando Thomas se acercó con una disculpa y durante nuestra conversación compartió un título y un esquema de libro generados por ChatGPT. Sentí curiosidad por su consulta, aunque la respuesta despertó mi interés y pasión por escribir.

El título sugerido y los encabezados de capítulos no convencionales resonaron inmediatamente en mí, lo que desencadenó la creación de esta obra. Esta experiencia subrayó la naturaleza serendipia de la creatividad y la importancia de abrazar los caminos inesperados que nuestros viajes pueden tomar.

Extiendo mi más sincero agradecimiento a Thomas Power, no solo por reparar una conexión perdida, sino por ir más allá del deber al proporcionar la inspiración para este libro. Su acto desinteresado de compartir la respuesta de ChatGPT fue un regalo que moldeó significativamente la dirección de este proyecto.

El desarrollo de este libro a partir de una sola interacción destaca el impacto profundo de la generosidad, la amistad y la disposición a apoyar las expresiones creativas de los demás. Es un recordatorio de la importancia de nutrir conexiones y de las formas inesperadas en que pueden conducir a resultados significativos y transformadores.

Este libro encapsula no solo mis experiencias, sino también una profunda exploración de cómo podemos aportar alegría y eficiencia a los procesos que definen nuestras vidas personales y profesionales.

Esta narrativa es una invitación para ti, lector, a unirte a mí en la redefinición de los límites de lo posible, armado con curiosidad y disposición para transformar desafíos en oportunidades de crecimiento, prosperidad y, posiblemente, paz mundial.

En última instancia, se trata de cosechar el pasado, honrar el presente y colaborar para el futuro, eliminando las vigas en nuestros propios ojos antes de intentar eliminar las astillas en los de los demás para que nuestra visión no esté impedida.

Capítulo 1:

El Génesis de la No Convencionalidad - Trazando las Raíces de la Innovación

Mi Despertar Temprano a la No Convencionalidad

Mi viaje hacia el corazón de la no convencionalidad no comenzó en los frenesíes de mi carrera profesional, sino en los momentos tranquilos de reflexión de mi vida temprana. Adoptado seis semanas después de quedar huérfano, las semillas de mi búsqueda de identidad y comprensión se sembraron en medio del telón de fondo de una profunda curiosidad sobre el mundo y mi lugar dentro de él.

Esta curiosidad no era solo un interés pasajero; era un deseo ardiente de explorar, cuestionar y comprender las capas de la vida que yacen ocultas bajo la superficie de los caminos convencionales. Encontré en la 'atmósfera de pensamiento' un lugar maravilloso para divagar y jugar, especialmente agradable en la compañía de otros.

La Chispa de la Innovación

A medida que me aventuraba en el mundo, mi camino fue cualquier cosa menos lineal. Me sentí atraído por oportunidades que desafiaban el status quo, ya fuera a través de la creación de Be the Dream LLC, Team Partnering LLC, United We Stand Productions LLC u otros emprendimientos que buscaban cerrar la brecha entre comunidades diversas y soluciones innovadoras, como PlanetaryCitizens.net o mi podcast *One World in a New World*, cariñosamente llamado 'Charlas Apocalípticas' mientras descubrimos conocimiento y sabiduría.

Cada proyecto fue un salto hacia lo desconocido, un testimonio de la creencia de que dentro del caos yace el potencial para el orden, y dentro de las preguntas, las semillas de las respuestas. Honestamente, no sabía lo que no podía hacer, por lo que fue más fácil intentar cosas desde esa perspectiva, con la curiosidad radical de un niño, fuera de los ámbitos 'tradicionales' de los entornos de comando y control del siglo pasado y anteriores. Estamos creando una 'nueva normalidad' a medida que restablecemos prioridades.

Construyendo Comunidad a Través de la Innovación

Uno de mis esfuerzos más significativos fue la participación con los nativos americanos en la remodelación de la Indian School en Phoenix. Este proyecto no se trataba solo de la transformación física de un espacio; se trataba de honrar el rico tapiz de historias, culturas e historias que la tierra albergaba. Fue una lección en escuchar, en empatía y en el poder de la innovación colaborativa para crear soluciones que respeten e integren las necesidades de todas las partes interesadas, nativas y no nativas.

Fui invitado a ser el redactor de actas para la Coalición de Preservación de la Indian School de Phoenix, compuesta por representantes de 18 de las 21 tribus en Arizona. Poco sabía que eso requeriría dirigirme al alcalde, al ayuntamiento y al subcomité de planificación de parques y recreación varias veces durante varios años. Todos menos uno de los elementos para la inclusión se lograron, aunque la Coalición nunca fue mencionada en el informe final del Plan Específico y su desarrollo.

Reflexiones sobre el Crecimiento Personal

Cada paso de mi viaje, cada emprendimiento y cada desafío han sido un peldaño hacia una comprensión más profunda de mí mismo y un crecimiento profesional. Desde navegar por las complejidades del emprendimiento hasta participar en proyectos de construcción de comunidades, cada experiencia ha contribuido a mi perspectiva en evolución sobre la innovación, el liderazgo y la resiliencia.

En mis últimos 20 años, durante mi primer puesto corporativo como Coordinador de Control de Producción en la industria aeroespacial, lideré iniciativas que superaron significativamente los objetivos de envío mensual de repuestos para aeronaves de más de 7 millones de dólares. Mi defensa del desarrollo de habilidades interpersonales, a pesar de las adversidades personales y profesionales, incluida una degradación y desafíos en la vida personal, llevó a una propuesta transformadora que inicialmente fue recibida con resistencia. Finalmente, mi partida precedió la adopción a nivel corporativo de estas prácticas, marcando una validación agridulce de mis contribuciones impactantes a la cultura corporativa y la eficiencia operativa.

Abrazando el Camino No Convencional

He bailado con la no convencionalidad, dando pasos más allá de los ritmos familiares de la tradición y la expectativa. En realidad, también soy un baterista prog, otro talento que he ejercido ocasionalmente. Sabes, ese que toca a un ritmo diferente y ama la improvisación más que los estándares, con rellenos dinámicos y ricos perfectamente cronometrados en las conversaciones musicales que a menudo se vuelven mágicas.

Cada paso, cada salto hacia lo desconocido no fue un alejamiento del camino, sino más bien la creación de mi propio sendero, que al principio fue bastante tumultuoso. No se trataba de rechazar el pasado, sino de cosecharlo y abrazar el futuro con los brazos y el corazón abiertos, creando una vida única, solo mía.

Mis aventuras en los reinos inexplorados de la creatividad y la innovación no fueron actos de rebelión, sino afirmaciones de mi creencia en el potencial ilimitado dentro de cada uno de nosotros para redefinir lo posible. Este camino no convencional que he recorrido me ha enseñado que nuestros mayores logros a menudo se encuentran justo más allá del borde de la incertidumbre.

Así que te invito a unirte a mí en esta danza de desafío contra lo convencional. Veamos cada desafío no como una barrera, sino como un lienzo para nuestra creatividad, cada obstáculo como una oportunidad para innovar. Si yo puedo hacerlo, tú también puedes. ¡Es divertido!

Te animo a que abraces tus talentos únicos, perspectivas y pasiones. Úsalos para pintar la obra maestra de tu vida, un vibrante testimonio del poder de la no convencionalidad, la no linealidad y las actividades llenas de pasión que fluyen como el agua.

Al reflexionar sobre el viaje hasta ahora, me recuerda la importancia de abrazar el camino único de cada uno, del poder transformador de vivir de manera no convencional. Es un camino que requiere coraje, curiosidad y un compromiso inquebrantable con la exploración y el crecimiento.

Juntos, demostremos que cuando nos atrevemos a ser diferentes, desbloqueamos el potencial para crear no solo una vida personal y profesional significativa, sino un mundo mejor para todos. Este libro, que ahora tienes en tus manos, es una sincronicidad serendípica esperando desplegarse mientras continúas.

Capítulo 2:

El Arte de Preguntar '¿Por qué y cómo?' - Cultivando la Curiosidad en el Liderazgo

Cultivando una Cultura de Curiosidad

Mi vida ha sido un testimonio del poder de la curiosidad, del simple pero profundo acto de preguntar "¿Por qué y cómo?". Esta pregunta me ha guiado a través del laberinto del crecimiento personal y profesional, llevándome a nuevos conocimientos, comprensión y caminos. No es solo una pregunta; es una forma de relacionarse con el mundo, un método para despejar las capas de lo que es para descubrir lo que podría ser.

Descubrí que llegar a cada momento con una actitud de gratitud, junto con la curiosidad de cómo contribuir a sus necesidades específicas tanto como pudiera percibirlas, ofrecía espléndidas oportunidades para comprometerse con un sentido de alegría. Eso no significa que siempre fueran momentos alegres, solo que podía elegir mi altura y actitud simplemente.

Liderazgo a Través de la Indagación

En mis roles como coach de vida transformacional y líder, he sido testigo de primera mano del poder transformador de la curiosidad. Ya sea en sesiones de coaching uno a uno o liderando talleres para grupos diversos, la disposición para hacer preguntas abiertas y explorar las profundidades de la motivación y la conciencia humanas ha abierto puertas al crecimiento y la comprensión tanto para mí como para los demás.

Durante casi dos décadas, lideré sesiones de colaboración de partes interesadas para grandes proyectos de construcción, alineando a varias partes en protocolos y planes de resolución de problemas potenciales dentro de los cronogramas del proyecto de 2 a 5 años.

Introduje conceptos innovadores como cambios de paradigma, enfatizando la comunicación, la honestidad y la proactividad, con términos creativos como 'jobarchy' y frases como 'no hay ego sin nosotros'. Estas estrategias estaban destinadas a fomentar un ambiente cooperativo en el equipo, aligerando el ambiente mientras se solidificaba el compromiso y la intención del equipo. Algunos de esos proyectos ganaron premios.

Compromiso con el Mundo a Través de las Preguntas

Mis diálogos en plataformas como el Campfire Project y los podcasts de Business News Network han sido oportunidades para sumergirse en la rigurosidad intelectual y los temas transformadores que moldean nuestras vidas. Estas conversaciones, caracterizadas por una profunda curiosidad y una disposición para explorar temas complejos, han reforzado mi creencia en la importancia de mantener una mente inquisitiva.

En el podcast de Business Broadcast Network, mi conversación giró en torno a la esencia y el enfoque del coaching transformacional. Discutí la exploración interna profunda necesaria para el cambio auténtico, enfatizando la importancia de enfrentar los miedos internos para lograr la congruencia entre el estado interno de uno y la realidad externa. Este diálogo subrayó las metodologías prácticas y la indagación introspectiva que empleo para guiar a las personas hacia la realización de su máximo potencial y la aceptación de su verdadero ser.

En el podcast de Campfire Project, compartí una historia profundamente personal de transformación tras una experiencia cercana a la muerte a los 18 años, que me impulsó a una búsqueda de por vida para comprender la conciencia y nuestra conexión con lo divino. Esta plataforma proporcionó un espacio para explorar las preguntas filosóficas y existenciales que han dado forma a mi viaje, ilustrando las pruebas y los triunfos encontrados en el camino. Mi narrativa destacó la importancia de la indagación continua y la búsqueda de la comprensión personal y universal.

Superando los Desafíos de la Curiosidad

Abrazar la curiosidad, especialmente en entornos que pueden resistir las preguntas, tiene sus desafíos. Sin embargo, es en estos momentos de resistencia donde el verdadero poder de la curiosidad brilla. Al mantenerme fiel a mi naturaleza inquisitiva, he navegado por el escepticismo y los obstáculos, encontrando nuevas formas de inspirar crecimiento e innovación.

La curiosidad radical frente al escepticismo ha sido un sello distintivo de mi viaje, un camino iluminado por encuentros tempranos con lo desconocido. Mi naturaleza inquisitiva se despertó por experiencias infantiles en torno a la época del asesinato del presidente Kennedy en noviembre de 1963, un período que coincidió con mis propias revelaciones profundas.

Aprender sobre mi adopción y experimentar una voz desincorporada que llamaba en la oscuridad fueron momentos cruciales que profundizaron mi búsqueda de comprensión más allá de lo convencional, sentando las bases para una vida dedicada a explorar los reinos no vistos y no hablados de la existencia, aparentemente disponibles para cualquiera.

La Curiosidad como Catalizador del Cambio

A través de mi trabajo y experiencias personales, he visto cómo la curiosidad puede actuar como un catalizador para el cambio, impulsando la innovación, fomentando la colaboración y conduciendo a una transformación significativa. Es una herramienta no solo para el crecimiento personal, sino para crear un efecto dominó de cambio positivo en el mundo que nos rodea.

A través de mi trabajo y experiencias personales, he descubierto que la curiosidad no es solo un rasgo personal, sino un poderoso catalizador para el cambio, la innovación y la transformación significativa tanto en nosotros mismos como en el mundo que nos rodea. Mi viaje a los reinos de la curiosidad comenzó en la infancia, en medio de exploraciones naturales y encuentros místicos con una 'Voz' guía, sentando las bases para una vida marcada por la indagación y el descubrimiento.

Estas primeras experiencias, que van desde la bi-ubicación y exploraciones fuera del cuerpo hasta la contemplación solitaria de las maravillas de la naturaleza, subrayaron el impacto profundo de la curiosidad. Me enseñaron que al abrazar lo desconocido y desafiar los límites convencionales, podemos fomentar la colaboración, impulsar la innovación e iniciar un efecto dominó de cambio positivo. Esta visión holística de la curiosidad como una fuerza transformadora refleja mi creencia en su potencial no solo para facilitar el crecimiento personal, sino también para inspirar el avance colectivo y una conexión más profunda con el mundo que nos rodea.

La Interconexión de la Curiosidad y la Innovación

Reflexionando sobre mi no convencionalidad, veo la curiosidad como el hilo que teje el tejido de la innovación. Cada empresa, cada proyecto y cada salto hacia lo desconocido fueron subrayados por el simple acto de cuestionar, de mirar más allá de lo que es para imaginar lo que podría ser.

Este principio fundamental no solo moldeó mi camino, sino que también me preparó para las complejidades y desafíos de fomentar la innovación en varios dominios, comunidades, industrias y organizaciones.

Un evento de mediados de vida que encapsula este viaje de curiosidad y transformación ocurrió durante la Convergencia Armónica en agosto de 1987. En mi camino al trabajo, la noción de esta sincronización global, discutida en una estación de radio local, despertó una profunda curiosidad en mí. Literalmente me hizo estremecer el estómago.

Esto llevó a una decisión espontánea de sumergirme a mí y a mi familia en el evento, acampando cerca de Sedona, en busca de una conexión y comprensión más profundas de esta alineación cósmica. Mi participación en este fenómeno, impulsada por una atracción instintiva hacia lo metafísico, subrayó un momento crucial de re-despertar: una vívida ilustración de cómo mi incesante curiosidad ha sido el catalizador de la evolución personal y la exploración de nuevas dimensiones de la conciencia.

Curiosidad en Acción: Puente entre lo Cósmico y lo Mundano

A medida que hacemos la transición de explorar las raíces de la innovación a cultivar la curiosidad en el liderazgo y miramos hacia la evolución de un visionario, está claro que el arte de preguntar "¿Por qué y cómo?" sirve como un puente. Este puente abarca la brecha entre las preguntas cósmicas que alimentan nuestras indagaciones existenciales y los desafíos mundanos que nos anclan en nuestras vidas diarias y esfuerzos profesionales.

A medida que profundizamos en la esencia de la innovación y la cultivación de la curiosidad dentro del liderazgo, mi viaje personal ofrece una vívida ilustración de la aplicación práctica de estos conceptos. Un momento crucial ocurrió cuando asumí el rol de facilitador de colaboración en la construcción, trabajando con partes interesadas en la industria de la construcción. Este rol no solo requería destreza técnica, sino un cambio profundo de perspectiva: ver los desafíos como oportunidades y fomentar un ambiente colaborativo a través de la comunicación abierta y el respeto mutuo, que produjo ocasionalmente un premio Marvin M. Black por colaboración.

Esta experiencia subrayó la importancia de preguntar "¿Por qué y cómo?" no solo en contextos filosóficos o existenciales, sino en abordar problemas del mundo real, construyendo un puente entre lo cósmico y lo mundano, y demostrando el poder transformador de la curiosidad en liderar equipos y proyectos hacia el éxito.

Preparando el Escenario para el Capítulo 3: De Soñador a Estratega - La Evolución de un Visionario

El viaje de ser soñador, asombrado por la vastedad del universo y la profundidad del potencial humano, a convertirse en estratega, donde las visiones se traducen en estrategias accionables, es un testimonio del poder transformador de la curiosidad.

En el Capítulo 3, profundizaremos en cómo esta transición se ha manifestado en mi vida, desde la exploración de la conciencia y el cosmos hasta la aplicación de estos conocimientos en el liderazgo estratégico y visionario. La evolución de la curiosidad a la visión estratégica encapsula la esencia de mi viaje, destacando el papel fundamental de preguntar "¿Por qué y cómo?" en navegar el camino desde la inspiración hasta la implementación.

En Conclusión

El viaje de la curiosidad es un viaje continuo de descubrimiento, uno que nos desafía a explorar continuamente, cuestionar y conectar. A medida que avanzamos, las lecciones aprendidas del arte de preguntar "¿Por qué y cómo?" sirven como una brújula, guiándonos a través de las complejidades de la innovación, el liderazgo y la visión. Es un viaje que no solo da forma a nuestras vidas personales y profesionales, sino que también impacta el mundo que nos rodea, alentando a otros a embarcarse en sus propios caminos de descubrimiento y éxito.

A medida que continúo en mi viaje, el arte de preguntar "¿Por qué y cómo?" permanece en el centro de mi enfoque hacia la vida y el liderazgo. Sigue siendo un faro que me guía a través de los territorios inexplorados de las esferas tanto personales como profesionales. El arte de la indagación no se trata solo de buscar respuestas, sino de fomentar una conexión más profunda con el mundo y las innumerables posibilidades que alberga.

Capítulo 3:

De Soñador a Estratega - La Evolución de un Visionario

Conectando Mundos: Mi Curiosidad Cósmica

Reflexionando sobre mi viaje, la transición de ser un soñador, lleno de asombro por el cosmos y sus misterios, a convertirme en un estratega, donde el asombro del universo informa el pensamiento estratégico y el liderazgo visionario, ha sido tanto profundo como transformador.

Esta evolución comenzó en los momentos tranquilos de introspección y curiosidad, preguntando "¿Por qué y cómo?" sobre el universo y nuestro lugar en él. Mi fascinación temprana por las estrellas y las vastas preguntas de la existencia sentaron las bases para un viaje que eventualmente fusionaría lo cósmico con lo práctico.

El Camino de un Visionario: Aplicando Conocimientos Cósmicos

El salto de la curiosidad a la estrategia no fue inmediato, sino que evolucionó a través de innumerables experiencias y exploraciones. Mis emprendimientos, desde los empresariales hasta los educativos, fueron laboratorios para probar cómo los conocimientos cósmicos podían informar estrategias prácticas.

Por ejemplo, el desarrollo de Be The Dream LLC y Team Partnering LLC no se trató solo de crear negocios, sino de encarnar los principios de interconexión y unidad que el cosmos muestra tan elegantemente. Estos principios se convirtieron en la piedra angular de mi enfoque hacia el liderazgo y la innovación.

Liderazgo Estratégico: Navegando la Complejidad

Como coach de vida transformacional y facilitador del cambio, he navegado por las complejidades del desarrollo humano y organizacional con una mirada estratégica, siempre buscando los patrones subyacentes que conectan lo micro con lo macro.

Los conocimientos adquiridos de mi estudio del cosmos, sobre la interconexión de todas las cosas, los ciclos de crecimiento y cambio, y el equilibrio entre el caos y el orden, han sido instrumentales en el desarrollo de estrategias que son tanto visionarias como fundamentadas.

Creando Orden a Partir del Caos

Mi trabajo con grandes eventos públicos, gestionando el caos y fomentando la colaboración en medio de la diversidad, sirvió como una aplicación práctica de estos principios cósmicos.

Cada evento era un microcosmos del universo, una danza de elementos que se unían para crear algo más grande que la suma de sus partes. Esta experiencia reforzó mi creencia en el potencial de la armonía y la sinergia, incluso en los entornos más caóticos, y afinó mis habilidades para crear orden y estructura desde cero.

A medida que hacemos la transición de explorar las raíces de la innovación a cultivar la curiosidad en el liderazgo y miramos hacia la evolución de un visionario, está claro que el arte de preguntar "¿Por qué y cómo?" sirve como un puente. Este puente abarca la brecha entre las preguntas cósmicas que alimentan nuestras indagaciones existenciales y los desafíos mundanos que nos anclan en nuestras vidas diarias y esfuerzos profesionales.

Mi participación en la orquestación de grandes festivales de arte y artesanía, y la Fiesta Bowl Block Party, cada uno atrayendo a casi un cuarto de millón de personas, fue un testimonio de esta filosofía en acción. Estas experiencias no solo se trataban de gestionar la logística, sino de crear un microcosmos de armonía en medio del caos, demostrando el poder del liderazgo impulsado por la curiosidad para transformar desafíos complejos en oportunidades para la alegría y el compromiso colectivo.

Además, mi trabajo con la población de adultos con discapacidades del desarrollo ancló aún más mis exploraciones desde lo cósmico hasta lo mundano. Al asumir este rol, encontré una conexión profunda con individuos cuyas perspectivas únicas y habilidades psíquicas me desafiaron a aplicar mi curiosidad de maneras profundamente empáticas e innovadoras.

Estos roles subrayaron la versatilidad de la curiosidad como herramienta, no solo para navegar por las complejidades logísticas de eventos a gran escala, sino también para fomentar el crecimiento personal y la comprensión en entornos más íntimos y transformadores. A través de estas variadas experiencias, he visto de primera mano cómo preguntar "¿Por qué y cómo?" puede iluminar el camino desde ideas visionarias hasta aplicaciones en el mundo real, conectando mundos y expandiendo nuestra capacidad colectiva para la innovación y la empatía.

Empoderando a los Demás: El Rol de la Curiosidad y la Visión

Empoderar a los demás para que vean más allá de sus circunstancias inmediatas hacia los horizontes más amplios de su potencial ha sido un aspecto clave de mi trabajo. A través de coaching, talleres y charlas públicas, he animado a individuos y organizaciones a preguntar "¿Por qué y cómo?" y a usar las respuestas como trampolín para la acción estratégica. Este enfoque no solo ha transformado mi vida, sino que también ha ayudado a innumerables personas a navegar sus propios caminos de **crecimiento y descubrimiento.**

Conectando la Curiosidad y la Adaptabilidad

El génesis de mi viaje, profundamente arraigado en la no convencionalidad y la búsqueda incesante de "¿Por qué y cómo?", sentó la piedra angular de la adaptabilidad que se volvería crucial en mi vida profesional. Así como mi curiosidad innata me impulsó a través de varios emprendimientos, también me equipó con la flexibilidad para navegar por las aguas impredecibles de startups y corporaciones.

Esta curiosidad no se trataba solo de buscar nuevos conocimientos; se trataba de estar abierto a cambiar de rumbo a medida que surgían nuevas ideas y desafíos. Fue apocalíptico por naturaleza, constantemente descubriendo nuevos conocimientos e ideas.

La Llamada de la Serendipia

Mi participación en The Prophets Conference fue un capítulo inesperado pero transformador en mi viaje. Comenzó con una solicitud serendipia de un viejo amigo que me recomendó por mi década de experiencia en la organización de eventos a gran escala. Se me confió la orquestación de este ambicioso evento, que prometía ser tan iluminador como expansivo.

El momento fue impecable. Tenía una semana libre de mi programa de Educación de Maestros en la Universidad de Phoenix. Sumergiéndome de lleno en los preparativos, me embarqué en un torbellino de planificación logística y coordinación. Para el lunes, las semillas estaban sembradas; para el miércoles, el evento estaba completamente desarrollado. El jueves se dedicó a preparar el escenario para un fin de semana que atraería a más de 5000 asistentes.

La conferencia se llevó a cabo en el extenso rancho Corona de 17 acres, una convergencia de mentes y espíritus, con 120 vendedores y más de 30 oradores en cuatro ubicaciones. El torbellino de actividad fue una danza de determinación y dedicación, reflejando mi compromiso de crear espacios que fomentaran la conexión, la exploración y la participación. Invitamos a 50 voluntarios que pudieron ver a sus favoritos como recompensa por su compromiso de tiempo.

El evento en sí fue un éxito rotundo, una reunión que dejó a los asistentes y voluntarios asombrados por la experiencia creada a través de un esfuerzo incansable. Sin embargo, el desenlace reveló un lado oscuro del esfuerzo. Los productores, en un giro desalentador de los acontecimientos, se fugaron con los ingresos en efectivo, dirigiéndose a Sedona inmediatamente después de que concluyera la conferencia. La compensación financiera por mis esfuerzos fue mínima, ascendiendo a unos pocos cientos de dólares devueltos del depósito de la propiedad, lejos de la prometida participación del 5% de los ingresos netos.

A pesar de la caída financiera, la conferencia sigue siendo un punto culminante en mi vida, un período de intensa creatividad y colaboración que me llevó cara a cara con luminarias como el Dr. Edgar Mitchell, el sexto hombre en la luna, y José Argüelles, el visionario que introdujo el Calendario Maya en la conciencia pública. Estos encuentros fueron más que simples reuniones; fueron intercambios de sabiduría, momentos de conexión que subrayaron el impacto profundo de reunir voces y perspectivas diversas en diálogo entre sí.

La experiencia me enseñó lecciones invaluables sobre la confianza, la integridad y el verdadero valor de mis contribuciones. Aunque la promesa de ganancia financiera no se cumplió, la riqueza de la experiencia y la alegría de facilitar una reunión tan monumental fueron recompensas por derecho propio. Reforzó mi creencia en la importancia de perseguir la pasión y el propósito, incluso frente a la incertidumbre o la decepción.

De la Visión Estratégica a la Acción Adaptativa

La transición de ser soñador a ser estratega no fue simplemente un cambio de perspectiva, sino una preparación para el enfoque adaptable requerido en los entornos dinámicos de startups y corporaciones. Las estrategias visionarias desarrolladas a partir de la curiosidad cósmica tuvieron que ser fluidas, listas para evolucionar a medida que cambiaba el panorama, lo cual es una ocurrencia casi constante.

Esta evolución subrayó la importancia no solo de tener una visión, sino de estar preparado para adaptar esa visión a las realidades del mercado y las dinámicas organizacionales.

Adaptabilidad en Startups: Una Reflexión de Curiosidad e Innovación

En el ámbito de las startups, donde cada día presentaba un nuevo desafío, las lecciones de mis primeros emprendimientos y los enfoques innovadores cultivados a través de la curiosidad se convirtieron en mi guía.

Cada startup fue una prueba de mi capacidad para aplicar una visión estratégica en tiempo real, adaptándome constantemente a nueva información, retroalimentación y circunstancias. Este proceso fue una aplicación práctica de ser "estratega-ojos", donde la visión estratégica debía ser tan adaptable como ambiciosa en su ejecución.

Durante dos años con el Fondo de Préstamos para el Autoempleo, dirigí talleres de planes de negocios y facilité microcréditos para mujeres y empresas propiedad de minorías, fomentando su crecimiento y éxito. Concurrentemente, durante mi mandato de un año como director de operaciones temporal para Club Entrepreneur en Tempe, organicé talleres de emprendimiento que promovieron la innovación y el pensamiento estratégico.

Estos roles probaron y afinaron mi visión estratégica, enfatizando la importancia de la adaptabilidad y la previsión en el dinámico mundo del emprendimiento. Encuentro que solo pensar en diferentes tipos de roles ofrece ideas y sabiduría, ayudando a tomar mejores decisiones.

Entornos Corporativos: La Visión Estratégica se Encuentra con la Flexibilidad Organizacional

Navegar por el mundo corporativo requirió un tipo diferente de adaptabilidad. Aquí, el desafío era introducir innovación dentro de estructuras y culturas establecidas que eran resistentes al cambio. Fue un delicado equilibrio entre respetar los marcos existentes mientras se impulsaba el crecimiento evolutivo.

Mi viaje a través de entornos corporativos fue un testimonio de la visión estratégica informada por mi curiosidad cósmica, aplicándola de manera que respetara las normas corporativas y fomentara la innovación. Aprendí a divertirme en el ambiente a menudo caótico. Mi actitud se transmitía a los demás en el camino, y mis resultados eran la evidencia de ello.

El Viaje del Visionario Continúa

Al mirar hacia adelante, el viaje de ser soñador a ser estratega continúa. La evolución de un visionario no es un destino, sino un proceso continuo de aprendizaje, cuestionamiento y conexión de los puntos entre los aspectos aparentemente dispares de nuestro mundo.

Los próximos capítulos de este viaje explorarán cómo se implementan estas visiones estratégicas, los desafíos enfrentados y las lecciones aprendidas en el camino. Sí, siempre hay lecciones. Aprendemos algo nuevo todos los días, ya sea sobre nosotros mismos, sobre los demás o sobre el mundo que nos rodea.

Al compartir esta narrativa, espero inspirar a otros a abrazar sus propios caminos de curiosidad e innovación, a preguntar "¿Por qué y cómo?" y a dejar que las respuestas los guíen hacia sus propios futuros visionarios y los planes de acción para cumplirlos.

Solo puedo ofrecer mi propia experiencia como referencia, así que estoy seguro de que a veces parece un poco autoengrandecedor con la repetición. Solo busco ofrecer ejemplos del mundo real que pueden ser beneficiosos para ti, tu negocio, tus relaciones y tu vida.

Capítulo 4:

Llevando Sombreros en Huracanes - Adaptabilidad en Startups y Corporaciones

Abrazando el Caos

Mi viaje a menudo ha parecido como llevar múltiples sombreros en medio de huracanes, navegando la naturaleza impredecible y caótica de las startups y los entornos corporativos por igual. Solía tener una pared de 'manyhatma' con más de 30 sombreros de diferentes estilos, y mi esposa me prohibió ponerlos en nuestra ubicación actual. Aún así, el apodo de 'manyhatma' encaja bastante bien, quizás incluso es una subestimación.

Este capítulo profundiza en el arte de la adaptabilidad, una habilidad perfeccionada a través de experiencias que me enseñaron la importancia de permanecer flexible y resiliente frente al cambio constante. Reflexionando sobre mi camino, desde ser un soñador a ser un estratega, he aprendido que la adaptabilidad no se trata solo de sobrevivir a la tormenta, sino de prosperar dentro de ella.

La Odisea Startup: Navegando Nuevos Territorios

Emprender en startups como Be The Dream LLC y Team Partnering LLC me enfrentó a la naturaleza emocionante y tumultuosa de dar vida a una visión. Cada emprendimiento fue un viaje hacia un territorio desconocido, donde lo único constante era el cambio. Los desafíos fueron múltiples: problemas con especificaciones, diseño de planes, cronogramas, ingeniería de valor y la construcción de un equipo para pivotar en el campo, así como estrategias de liderazgo para gestionar la producción.

Estas experiencias subrayaron la necesidad de llevar diferentes sombreros, a veces simultáneamente, para dirigir el barco a través de aguas turbulentas. Estaba aterrorizado en el primer proyecto, pero encontré mi camino con la curiosidad y el no saber, siendo capaz de hacer las preguntas correctas que llevaron a resoluciones.

Crónicas Corporativas: Encontrando Orden en el Caos

La transición de startups a navegar las complejidades de los entornos corporativos presentó un conjunto diferente de desafíos. Aquí, los huracanes eran a menudo tormentas burocráticas y estructuras rígidas que se resistían al cambio.

Mi rol a menudo involucraba introducir un pensamiento y estrategias innovadoras en estos entornos, defendiendo la adaptabilidad y la flexibilidad en sistemas que tradicionalmente se resistían a tales conceptos. Fue una danza delicada de empujar los límites mientras respetaba el marco existente, todo el tiempo llevando el sombrero de un innovador, mediador y, a veces, un disruptor.

Adaptabilidad en Acción: Ejemplos del Mundo Real

Un ejemplo vívido de adaptabilidad en acción fue mi participación en la gestión de grandes eventos públicos, donde los desafíos imprevistos eran la norma. Las multitudes son algo predecibles cuando configuras bien el entorno.

Ya sea cambios de última hora en la alineación, problemas en el lugar o interrupciones meteorológicas, la capacidad de adaptarse rápida y eficientemente fue crucial. El Festival de las Artes de Tempe se llevó a cabo en el mismo lugar y no tardé en darme cuenta de dónde estaban los problemas inherentes y ser proactivo hacia ellos. A menudo, los vendedores pensaban que era psíquico porque aparecía en el momento perfecto.

Estas experiencias me enseñaron lecciones valiosas en la gestión de crisis, liderazgo de equipos y la importancia de mantener una actitud calmada y enfocada en medio del caos. Sé observador de los patrones. Una vez es al azar, dos veces es un patrón. Cuando puedes reconocer patrones, a menudo puedes alterarlos hacia mejores resultados. Solo observa algunos de los tuyos por ahora, identifícalos y ajústalos.

Lecciones Aprendidas: El Poder de la Flexibilidad y la Resiliencia

A través de los altibajos de startups y corporaciones, la clave ha sido el poder de la flexibilidad y la resiliencia. La adaptabilidad se ha convertido en mi brújula, guiándome a través de las incertidumbres de los esfuerzos profesionales y la naturaleza impredecible de la vida. Se trata de abrazar el cambio como una oportunidad de crecimiento, aprendizaje e innovación.

El "¿Por qué y cómo?" es la adaptabilidad sobre la marcha, nunca sabiendo las respuestas y, a menudo, chocando con tu sistema de creencias, necesitando un poco de ajuste cuando tu experiencia no coincide con tu creencia sobre lo que debería haber sucedido. Abre la puerta a la magia del flujo.

El Camino Adaptativo Hacia Adelante

A medida que continúo en este viaje, el principio de la adaptabilidad sigue siendo central en mi enfoque hacia la vida y el trabajo. Es un recordatorio de que, aunque no podamos controlar la dirección del viento, podemos ajustar nuestras velas para navegar a través de las tormentas.

El camino de la adaptabilidad se trata de ser un 'manyhatma' con gracia, enfrentando cada huracán con coraje y emergiendo más fuerte y resiliente al otro lado.

El viaje a través de los paisajes tumultuosos de startups y entornos corporativos, como se detalla en este capítulo, no solo perfeccionó mi adaptabilidad, sino que también sentó las bases para una exploración más profunda en el corazón de la innovación.

La adaptabilidad, con su requisito de pensamiento rápido y flexibilidad, alimenta naturalmente el proceso de innovación. Es esta capacidad de pivotar y perseverar a través de los huracanes del cambio lo que prepara el terreno para que la innovación florezca.

La Adaptabilidad como Preludio de la Innovación

A medida que navegué por los desafíos y oportunidades presentados tanto por startups como por corporaciones, descubrí que la adaptabilidad no se trata solo de sobrevivir, sino de preparación.

Cada adaptación, cada pivote y cada cambio estratégico fue un paso hacia algo más grande: la creación de un terreno fértil donde las ideas innovadoras podían echar raíces y crecer.

La naturaleza dinámica de llevar múltiples sombreros no fue solo una prueba de resistencia; fue un crisol para la creatividad, donde las presiones y desafíos se convirtieron en los mismos ingredientes para elaborar la cafeína de la innovación.

Energizando Ideas en Acción

La transición al Capítulo 5, "La Cafeína de la Innovación: Energizando Ideas en Acción", se vuelve clara: la adaptabilidad cultivada frente al cambio constante es como preparar una mezcla potente de creatividad y acción.

Así como la cafeína despierta nuestros sentidos y agudiza nuestro enfoque, el proceso innovador energiza las ideas, transformándolas de meros conceptos en realidades tangibles. Esta transición marca un cambio de navegar las tormentas del cambio a aprovechar esas mismas tormentas como fuente de poder para la innovación.

De la Visión Estratégica a la Ejecución Innovadora

La visión estratégica desarrollada a partir de mi curiosidad cósmica y perfeccionada a través de la adaptabilidad requerida en startups y corporaciones ahora encuentra su expresión en el acto de la innovación. Es una cosa imaginar un futuro moldeado por ideas innovadoras; es otra cosa dar vida a esa visión.

El Capítulo 5 profundiza en las metodologías, mentalidades y mecanismos que permiten la traducción de ideas visionarias en resultados accionables. Explora cómo la adaptabilidad y la resiliencia cultivadas en experiencias anteriores se convierten en la fuerza motriz detrás de la ejecución de proyectos innovadores.

La Innovación como un Continuo

El hilo narrativo que conecta estos capítulos enfatiza que la innovación no es un evento aislado, sino un continuo. Es un proceso alimentado por las lecciones aprendidas a través de la adaptabilidad, los conocimientos adquiridos al cuestionar el status quo y la previsión estratégica para ver más allá de lo inmediato.

A medida que avanzamos, el enfoque cambia de la capacidad del individuo para adaptarse y navegar a la capacidad colectiva para innovar y ejecutar. Este cambio subraya la importancia no solo de generar ideas, sino también de crear el entorno y la cultura donde esas ideas puedan prosperar y conducir a un cambio significativo.

Conectando Capítulos, Conectando Mundos

A medida que concluye este capítulo, el viaje de la adaptabilidad a la innovación refleja un tema más amplio de transformación. Es un testimonio del poder de abrazar el cambio no como un obstáculo, sino como una oportunidad: una oportunidad para energizar ideas en acción y convertir las visiones de lo que podría ser en las realidades de lo que es.

La transición de llevar sombreros en huracanes a elaborar la cafeína de la innovación encapsula la esencia de un viaje que se trata de mucho más que la supervivencia; se trata de prosperar a través de la creación y ejecución de ideas que tienen el poder de cambiar el mundo.

Capítulo 5:

La Cafeína de la Innovación - Energizando Ideas en Acción
De la Adaptabilidad a la Innovación

Las lecciones aprendidas al navegar por las tormentas del cambio, como se detalló en el Capítulo 4, no solo han perfeccionado mi adaptabilidad, sino que también me han preparado para la tarea crucial de energizar las ideas en acción. La adaptabilidad frente al cambio es como el proceso de preparar una mezcla potente de creatividad y acción.

Aquí profundizo en cómo el proceso innovador, alimentado por las presiones y desafíos encontrados, se convierte en la cafeína que despierta el potencial de las ideas, transformándolas de conceptos en realidades tangibles.

A medida que hice la transición del mundo tempestuoso de startups y corporaciones, donde la adaptabilidad era mi vela y timón, me encontré al borde de un nuevo horizonte: el reino de la innovación. Esta no era solo cualquier innovación, sino una que actuaba como la cafeína para mi alma, vigorando cada idea con el potencial de la acción. Mi viaje de adaptabilidad me había enseñado a bailar bajo la lluvia, pero ahora era el momento de aprovechar la tormenta misma.

Cultivando una Mentalidad Innovadora

La innovación requiere más que una buena idea; exige una mentalidad que sea tanto receptiva a lo nuevo como resiliente frente a los contratiempos. Basándome en mis experiencias en startups y corporaciones, exploro cómo cada desafío enfrentado y cada giro realizado contribuyó a cultivar una mentalidad innovadora.

Es una mentalidad caracterizada por la curiosidad, una disposición para experimentar y un compromiso inquebrantable para dar vida a las visiones.

A través de iniciativas como Live and Let Live y Planetary Citizens, así como al interactuar con otros servidores del mundo, he sido impulsado por la creencia de que podemos crear un mundo más armonioso.

Esta creencia fue reforzada aún más por los conocimientos adquiridos al orquestar talleres empresariales y apoyar a emprendedores subrepresentados, lo que destacó el potencial de la acción colectiva y el poder de una visión unida para iniciar un impacto real y duradero tanto a nivel local como global.

El Proceso de Energizar Ideas

Energizar ideas en acción implica una serie de pasos, desde la ideación hasta la ejecución. Esta sección desglosa el proceso, destacando estrategias clave para nutrir ideas, fomentar la creatividad dentro de los equipos y superar los obstáculos inevitables que surgen. Los ejemplos del mundo real de mis emprendimientos sirven como estudios de caso que ilustran la transformación de conceptos innovadores en proyectos exitosos.

Energizando Ideas en Acción

La innovación, aprendí, es más que una chispa de creatividad; es la búsqueda implacable de transformar el "¿y si?" en "lo que es". El desafío nunca estuvo en la ideación, sino en la ejecución: cómo tomar lo etéreo y hacerlo tangible. Este proceso no solo demandaba creatividad, sino un enfoque disciplinado para dar vida a las ideas... un plan, un plan estratégico.

Recuerdo los primeros días de conceptualizar un proyecto que tenía como objetivo cerrar la brecha entre comunidades a través de la narración digital. La idea era vibrante en mi mente, pero traducirla en una iniciativa viable e impactante requería más que solo visión. Demandaba un entendimiento de la tecnología, una habilidad para contar historias y, lo más importante, la capacidad de involucrar y colaborar con otros. Este proyecto se convirtió en mi primera incursión real en la cafeína de la innovación: convertir un sueño en una plataforma digital que conectara historias y personas en todo el mundo.

La Odisea Digital: Desde Construir mi Primera Computadora hasta Crear BeTheDream.net

El viaje desde construir mi primera computadora en 1990 hasta lanzar mi primer sitio web, BeTheDream.net, en 2000, es un testimonio de mi pasión por la tecnología y la innovación. A principios de los 90, la computación personal apenas comenzaba a florecer, y me cautivó el potencial que tenía.

Construir mi primera computadora fue más que un desafío técnico; fue una puerta de entrada para explorar nuevas fronteras y comprender el impacto profundo que la tecnología podría tener en nuestras vidas. Esta experiencia práctica sentó las bases para mis futuros emprendimientos en el ámbito digital.

Para cuando lancé BeTheDream.net en 2000, el internet estaba evolucionando rápidamente y yo estaba ansioso por ser parte de esta revolución digital. BeTheDream.net rápidamente ganó tracción, atrayendo 25,000 visitas por mes, una hazaña notable para su tiempo. Se convirtió en una comunidad vibrante donde las personas podían conectarse, compartir ideas y participar con contenido que abarcaba los reinos metafísico y ufológico.

El sitio web proporcionó un espacio único para explorar temas que unían lo místico con lo extraterrestre, despertando la curiosidad y profundas discusiones entre sus miembros. Sin embargo, a medida que el sitio creció, también lo hicieron los desafíos. El comportamiento de algunos miembros se volvió problemático, revelando el lado oscuro de las interacciones en línea.

A pesar de su éxito y potencial, BeTheDream.net estaba un poco adelantado a su tiempo, careciendo de las herramientas y marcos necesarios para gestionar y nutrir una comunidad en línea positiva. A regañadientes, decidí darlo de baja, pero la experiencia fue invaluable.

Me enseñó lecciones cruciales sobre la gestión de comunidades en línea, la importancia de fomentar un compromiso respetuoso y la naturaleza en constante evolución de los espacios digitales.

Aprovechando la Tecnología y la Dinámica de los Equipos

En la era digital actual, la tecnología juega un papel fundamental en la innovación. Aquí discuto cómo aprovechar las herramientas y plataformas digitales me ha permitido concretar ideas de manera más efectiva.

Además, la importancia de la dinámica de los equipos no puede ser subestimada: la innovación prospera en entornos donde se fomenta la colaboración, la diversidad y la comunicación abierta. Comparto ideas sobre cómo construir y liderar equipos que no solo son adaptables, sino que también están profundamente comprometidos con el proceso de innovación.

En mi capacidad como Director de Operaciones para la Fundación Live and Let Live, lideré iniciativas que ejemplifican la esencia de fomentar la innovación a través de la colaboración, la diversidad y la comunicación abierta. La ética de la Fundación, centrada en los principios de no agresión y conducta humana ejemplar, proporcionó un marco sólido para nutrir un entorno propicio para la innovación.

Al promover una cultura de amabilidad voluntaria, tolerancia y mente abierta, empoderamos a los miembros del equipo para que contribuyeran con diversas perspectivas y colaboraran eficazmente, impulsando nuestra misión de paz y prosperidad global.

Las estrategias operativas y los esfuerzos de participación comunitaria de la Fundación Live and Let Live subrayan el papel fundamental de la dinámica positiva de los equipos en el proceso de innovación. Nuestro compromiso con estos principios facilitó la creación de un espacio de trabajo donde la innovación podía florecer, guiada por el doble enfoque de la fundación en las normas legales para prevenir la agresión y los valores morales para inspirar la excelencia personal.

En un corto período de tiempo, ya había 31 capítulos en 19 países. Los diversos directores también abarcan múltiples países y zonas horarias.

Aprovechando la Tecnología y los Equipos

Descubrí que la tecnología era tanto una herramienta como una maestra. Cada plataforma digital, cada aplicación de software, se convirtió en un peldaño hacia la realización de mis visiones innovadoras. Pero el verdadero poder de la tecnología se realizó en su capacidad para reunir a las personas. La colaboración se convirtió en la piedra angular de la innovación.

Liderando equipos a través de las aguas inexploradas de cada proyecto, aprendí que la diversidad de pensamiento y la apertura al cambio eran el combustible para las soluciones innovadoras. También descubrí que esto era cierto: ve despacio para ir rápido. Sé meticuloso en tu trabajo.

Hubo un proyecto que probó particularmente nuestro espíritu innovador colectivo: un emprendimiento destinado a crear un modelo de negocio sostenible para artistas. El desafío era multifacético, requiriendo no solo un profundo entendimiento del mundo del arte, sino también la capacidad de conceptualizar una plataforma que pudiera apoyar financieramente a los artistas.

El equipo era un tapiz de talentos, desde magos de la tecnología hasta aficionados al arte, cada uno aportando una perspectiva única a la mesa. Nuestras sesiones de lluvia de ideas eran eléctricas, cargadas con la cafeína de la innovación y con cafeína mientras ensamblábamos una plataforma que era por artistas, para artistas.

El Impacto de la Innovación

La innovación tiene el poder de cambiar industrias, sociedades e incluso la forma en que percibimos el mundo. Esta sección reflexiona sobre el impacto más amplio de los proyectos innovadores en los que he estado involucrado, desde iniciativas de construcción comunitaria hasta emprendimientos que empujan los límites de la tecnología y la colaboración. Las historias compartidas aquí subrayan el potencial de la innovación para crear un cambio positivo a escala global.

El Efecto Dominó de la Innovación

El impacto de estos emprendimientos innovadores se extendió más allá del éxito inmediato de los proyectos. Actuaron como catalizadores para el cambio, desafiando los paradigmas existentes e inspirando a otros a pensar de manera diferente.

La plataforma de narración digital no solo conectó historias, sino que también provocó conversaciones sobre el cambio social, la diversidad y la inclusión. La plataforma de apoyo a los artistas se convirtió en un testimonio del poder de la innovación colaborativa para crear modelos sostenibles para las industrias creativas.

Pero tal vez, lo más importante, la cafeína de la innovación despertó en mí un sentido más profundo de propósito. Cada proyecto, cada colaboración, cada idea convertida en acción, fue un paso hacia la realización de mi visión de un mundo donde la creatividad, la innovación y la colaboración puedan prosperar y crear un impacto positivo para todos.

Conclusión: De la Idea a la Realidad

El Capítulo 5 encapsula el viaje de la ideación a la ejecución, mostrando cómo la innovación no es un proceso lineal, sino una danza dinámica de adaptabilidad, colaboración y visión. Es una danza que requiere tanto rigor como creatividad, y que puede transformar no solo el mundo que nos rodea, sino también a nosotros mismos en el proceso.

El camino hacia adelante, como se explorará en los capítulos posteriores, continúa desarrollando cómo estas ideas innovadoras se entrelazan con la misión de crear un mundo más armonioso y sostenible. El siguiente paso del viaje se adentra en el impacto que estas innovaciones pueden tener en la evolución de nuestra conciencia y la construcción de una civilización más consciente.

Capítulo 6:

Evolución de la Conciencia - Construyendo una Civilización Consciente

El Despertar de la Conciencia

A medida que el viaje a través de la innovación avanza, se convierte en algo más que una búsqueda para transformar ideas en acción; se convierte en un viaje hacia la evolución de la conciencia. El enfoque cambia de simplemente crear cosas nuevas a comprender cómo estas creaciones pueden impactar el desarrollo de la conciencia humana y, en última instancia, contribuir a la construcción de una civilización más consciente.

Este capítulo profundiza en mi exploración de la conciencia, un tema que ha sido una constante a lo largo de mi vida. Desde mis primeras experiencias que despertaron mi curiosidad hasta mi inmersión en prácticas espirituales y filosóficas, la evolución de la conciencia ha sido un hilo conductor que ha tejido todos mis esfuerzos.

El Despertar Espiritual

Mi despertar espiritual comenzó a una edad temprana, en momentos que desafiaron mi comprensión del mundo. A medida que crecí, estas experiencias se convirtieron en la base de una búsqueda más profunda para comprender la naturaleza de la realidad y nuestro lugar dentro de ella.

Mis encuentros con lo metafísico, incluidos fenómenos como la bi-ubicación y experiencias fuera del cuerpo, me llevaron a explorar más profundamente la interconexión entre la conciencia individual y la conciencia universal. Estas experiencias no solo ampliaron mi perspectiva, sino que también me inspiraron a compartir estos conocimientos a través de mi trabajo y mis escritos.

Construyendo una Civilización Consciente

A medida que fui desarrollando mi entendimiento de la conciencia, comencé a preguntarme cómo estos conocimientos podrían aplicarse a nivel colectivo. ¿Cómo podríamos, como humanidad, elevar nuestra conciencia colectiva y construir una civilización más consciente, una donde el bienestar de todos y la sostenibilidad del planeta sean valores fundamentales?

Mi trabajo con PlanetaryCitizens.net y el movimiento Live and Let Live son ejemplos de cómo he intentado abordar estas preguntas. Ambas iniciativas se centran en promover la paz, la sostenibilidad y la unidad global, con un enfoque en la evolución de la conciencia como el núcleo de estos esfuerzos.

En Live and Let Live, promovemos la idea de que la evolución de la conciencia es clave para alcanzar un estado de paz y prosperidad global. La filosofía de no agresión, junto con el énfasis en la conducta humana ejemplar, crea un marco donde la conciencia individual puede evolucionar en armonía con la conciencia colectiva.

PlanetaryCitizens.net, por otro lado, busca involucrar a personas de todo el mundo en la misión de crear un futuro más consciente. A través de la colaboración y el intercambio de conocimientos, la plataforma ofrece una visión de cómo podemos, juntos, construir una civilización que valore la vida, la libertad y el respeto mutuo.

La Intersección de la Innovación y la Conciencia

La innovación y la conciencia no son entidades separadas; están intrínsecamente entrelazadas. A medida que innovamos y creamos nuevas tecnologías, nuevas formas de organización social y nuevos paradigmas de pensamiento, tenemos la oportunidad de elevar nuestra conciencia colectiva. De hecho, la innovación puede ser un catalizador para la evolución de la conciencia, impulsándonos a repensar lo que es posible y cómo podemos vivir juntos en este planeta.

Este entendimiento ha guiado mis esfuerzos para asegurar que las innovaciones en las que participo no solo sean técnicamente avanzadas o económicamente viables, sino que también contribuyan al crecimiento espiritual y al bienestar colectivo. En cada proyecto, pregunto: "¿Cómo puede esto ayudar a elevar la conciencia de quienes lo tocan?"

La Responsabilidad de la Innovación Consciente

A medida que la humanidad se enfrenta a desafíos globales como el cambio climático, la inequidad social y los conflictos geopolíticos, la responsabilidad de innovar conscientemente nunca ha sido más crucial. La innovación no es solo una cuestión de resolver problemas técnicos; es una oportunidad para crear soluciones que promuevan la paz, la sostenibilidad y la equidad.

En mis roles de liderazgo, ya sea a través de PlanetaryCitizens.net, Live and Let Live, o mis otros emprendimientos, siempre me esfuerzo por infundir este sentido de responsabilidad en mis equipos y colaboradores. La verdadera innovación no solo mejora nuestras vidas materiales; también eleva nuestra conciencia y nos conecta más profundamente con los demás y con nuestro planeta.

El Rol de la Educación en la Evolución de la Conciencia

La educación juega un papel fundamental en la evolución de la conciencia. No solo se trata de enseñar habilidades técnicas o conocimientos académicos; se trata de nutrir la capacidad de pensar críticamente, de empatizar con los demás y de reconocer nuestra interconexión con todo lo que nos rodea.

He estado profundamente involucrado en iniciativas educativas que buscan fomentar esta evolución de la conciencia. Desde talleres hasta programas de desarrollo personal y liderazgo, me esfuerzo por crear entornos de aprendizaje que no solo informen, sino que también transformen. Mi esperanza es que, a través de la educación, podamos inspirar a las generaciones futuras a asumir la responsabilidad de construir una civilización más consciente.

De la Conciencia Individual a la Conciencia Colectiva

A lo largo de mi vida, he llegado a comprender que la evolución de la conciencia no es solo un viaje individual; es un viaje colectivo. A medida que más personas despiertan a su verdadero potencial y se conectan con su propósito más elevado, la conciencia colectiva de la humanidad también se eleva.

Este proceso de evolución colectiva no es lineal ni uniforme; es un camino con altibajos, con momentos de gran avance y períodos de aparente estancamiento. Sin embargo, a medida que más de nosotros trabajamos juntos para elevar nuestra conciencia, comenzamos a ver un cambio en la forma en que nos relacionamos con nosotros mismos, con los demás y con el mundo.

La Visión de un Futuro Consciente

Mi visión de un futuro consciente es una en la que la humanidad ha trascendido las limitaciones del egoísmo, la codicia y el miedo, y ha abrazado un paradigma de amor, colaboración y unidad. En este futuro, la innovación es impulsada por el deseo de mejorar la vida para todos, y la evolución de la conciencia es vista como el mayor logro de la humanidad.

Este futuro no es una utopía inalcanzable; es un camino que estamos trazando juntos, paso a paso, decisión por decisión. Cada vez que elegimos el amor sobre el miedo, la cooperación sobre la competencia, y la unidad sobre la división, estamos contribuyendo a la construcción de esta civilización consciente.

Conclusión: El Llamado a la Acción Consciente

El Capítulo 6 no es solo una reflexión sobre la evolución de la conciencia; es un llamado a la acción. Nos desafía a cada uno de nosotros a examinar cómo nuestras acciones diarias, nuestras innovaciones y nuestras decisiones impactan no solo en nuestras propias vidas, sino en la conciencia colectiva de la humanidad.

Este viaje hacia la construcción de una civilización consciente no es uno que podamos hacer solos. Requiere la colaboración, la participación activa y el compromiso de todos nosotros. A medida que continuamos explorando los capítulos finales, profundizaremos en cómo podemos cada uno de nosotros contribuir a este gran despertar, y cómo nuestras acciones pueden convertirse en los cimientos de un mundo más consciente y armonioso.

Capítulo 7:

El Arte de la Colaboración Consciente - Sincronizando Corazones y Mentes

La Esencia de la Colaboración Consciente

La colaboración es un arte, y cuando se realiza con una conciencia elevada, se convierte en una poderosa herramienta para el cambio. Este capítulo explora el arte de la colaboración consciente, una forma de trabajar en la que las conexiones humanas son tan importantes como los resultados, y donde las intenciones y los propósitos compartidos guían el proceso colectivo.

Desde mis primeros esfuerzos hasta mis roles actuales en liderazgo, he visto de primera mano cómo la colaboración consciente puede transformar proyectos, comunidades y, en última instancia, la sociedad. Esta forma de colaboración va más allá de simplemente trabajar juntos; se trata de sincronizar corazones y mentes en un esfuerzo conjunto hacia un objetivo común.

Colaboración en Acción: Ejemplos del Mundo Real

Mi trabajo con PlanetaryCitizens.net y el movimiento Live and Let Live son ejemplos claros de colaboración consciente en acción. Estos proyectos no son esfuerzos individuales, sino colaboraciones masivas que unen a personas de diversos orígenes, habilidades y perspectivas en un esfuerzo colectivo por un mundo mejor.

En Live and Let Live, la colaboración consciente se manifiesta en la forma en que los miembros del equipo y los capítulos de todo el mundo trabajan juntos, respetando las diferencias culturales y locales, mientras mantienen un enfoque común en la paz y la no agresión.

PlanetaryCitizens.net, por otro lado, ha sido un crisol donde la colaboración consciente permite que las ideas fluyan libremente, donde cada voz es escuchada y donde las contribuciones de todos son valoradas. Este enfoque ha permitido a la plataforma crecer y adaptarse, manteniéndose fiel a su misión de unir a las personas en la construcción de un futuro sostenible y consciente.

Los Principios de la Colaboración Consciente

La colaboración consciente se basa en una serie de principios fundamentales que guían el proceso y aseguran que el trabajo conjunto sea efectivo y significativo. Entre estos principios se incluyen:

1. **Intención Clara**: La colaboración consciente comienza con una intención clara y compartida que guía todas las acciones. Esta intención no solo define el objetivo del proyecto, sino también el espíritu con el que se abordará.

2. **Escucha Activa**: Escuchar no es solo oír; es un proceso activo de comprensión y respuesta que permite a cada miembro del equipo sentirse valorado y comprendido. La escucha activa es fundamental para la construcción de confianza y la resolución de conflictos dentro del equipo.

3. **Respeto Mutuo**: La colaboración consciente valora la diversidad de perspectivas y experiencias. El respeto mutuo asegura que cada persona pueda contribuir desde su propio lugar de conocimiento y experiencia, sin temor a ser juzgada o rechazada.

4. **Flexibilidad y Adaptabilidad**: Los equipos conscientes entienden que el cambio es una constante. La flexibilidad y la adaptabilidad son esenciales para responder a nuevos desafíos y oportunidades, permitiendo que la colaboración evolucione orgánicamente.

5. **Propósito Compartido**: Más allá de los objetivos específicos, la colaboración consciente está impulsada por un propósito compartido que une a los miembros del equipo en un viaje común. Este propósito es la brújula que guía todas las decisiones y acciones.

Desafíos en la Colaboración Consciente

Aunque la colaboración consciente es poderosa, no está exenta de desafíos. Las diferencias de opinión, los conflictos de personalidad y los malentendidos pueden surgir, incluso en los equipos más armoniosos. Este capítulo también aborda cómo manejar estos desafíos de manera consciente, utilizando herramientas como la mediación, el diálogo abierto y la reconexión con el propósito compartido para superar obstáculos y fortalecer la colaboración.

Uno de los desafíos más grandes que enfrenté en la colaboración consciente fue durante la organización de un evento de gran envergadura. Con múltiples partes interesadas involucradas, cada una con sus propias prioridades y expectativas, mantener la coherencia y el enfoque fue una tarea monumental. Sin embargo, al aplicar los principios de la colaboración consciente, pudimos transformar los desafíos en oportunidades para el crecimiento y la innovación.

Los Beneficios de la Colaboración Consciente

Los beneficios de la colaboración consciente van más allá de la simple eficiencia o productividad. Cuando las personas trabajan juntas de manera consciente, se crea un ambiente de trabajo más positivo y enriquecedor, donde cada miembro del equipo se siente valorado y motivado. Además, los resultados de la colaboración consciente tienden a ser más sostenibles y alineados con los valores colectivos del grupo.

En mi experiencia, los equipos que practican la colaboración consciente no solo logran sus objetivos más rápidamente, sino que también construyen relaciones más fuertes y duraderas. Estas relaciones, a su vez, se convierten en la base para futuras colaboraciones, creando un ciclo virtuoso de éxito y crecimiento.

Construyendo un Futuro de Colaboración Consciente

A medida que la humanidad enfrenta desafíos globales que requieren soluciones colectivas, la importancia de la colaboración consciente no puede ser subestimada. Este capítulo concluye con una reflexión sobre cómo podemos fomentar una cultura de colaboración consciente a nivel global, y cómo cada uno de nosotros puede contribuir a esta transformación.

Mi visión para el futuro es una en la que la colaboración consciente se convierta en la norma, no la excepción. Un mundo en el que las personas trabajen juntas, no solo por intereses personales o económicos, sino por un propósito común de crear un futuro más armonioso y sostenible para todos.

Conclusión: El Poder Transformador de la Colaboración Consciente

El Capítulo 7 explora cómo la colaboración consciente puede ser un catalizador para el cambio positivo en cualquier proyecto o comunidad. A través de la sincronización de corazones y mentes, podemos alcanzar logros que serían imposibles de conseguir individualmente.

Este viaje de colaboración consciente es, en última instancia, un reflejo del viaje más amplio de la evolución de la conciencia. A medida que avanzamos juntos, sincronizando nuestros esfuerzos y compartiendo nuestras visiones, nos acercamos un paso más a la realización de una civilización consciente, donde la colaboración y la conciencia colectiva guían nuestro camino hacia el futuro.

Capítulo 8:

El Llamado de la Sincronización - Explorando la Conexión Cuántica en la Colaboración

Entendiendo la Sincronización

A medida que profundizamos en la evolución de la conciencia y la colaboración consciente, surge un concepto fascinante: la sincronización. Más allá de la mera coordinación, la sincronización es una conexión profunda y a menudo inexplicable entre personas, eventos y momentos que parecen estar alineados por una fuerza más allá de nuestra comprensión consciente.

Este capítulo explora la idea de la sincronización cuántica en la colaboración y cómo podemos aprender a reconocer y aprovechar estas conexiones en nuestras vidas y trabajos. La sincronización no es solo una coincidencia; es una manifestación de la conexión cuántica que existe entre todas las cosas.

Sincronización en la Vida y el Trabajo

A lo largo de mi vida, he experimentado momentos de sincronización que han cambiado el curso de mis proyectos y relaciones. Estos momentos a menudo llegaron de manera inesperada, pero siempre estuvieron acompañados por un sentido de propósito y significado.

Por ejemplo, en la fundación de PlanetaryCitizens.net, la sincronización jugó un papel crucial. Las conexiones que surgieron aparentemente de la nada, las oportunidades que se presentaron en el momento exacto, y las personas que entraron en mi vida en los momentos clave, todo se sintió como parte de un plan mayor. Fue como si el universo mismo estuviera orquestando los eventos para alinearse con la misión de la plataforma.

En Live and Let Live, la sincronización también ha sido una fuerza impulsora. La rápida expansión del movimiento a nivel mundial no fue solo el resultado de un trabajo duro, sino de la sincronización de esfuerzos, personas y recursos que se unieron en perfecta armonía.

La Conexión Cuántica en la Colaboración

La física cuántica nos enseña que todas las partículas están conectadas de manera fundamental, independientemente de la distancia que las separe. Este concepto, conocido como "entrelazamiento cuántico", sugiere que cuando dos partículas están entrelazadas, el estado de una afecta instantáneamente al estado de la otra, sin importar cuán lejos estén.

Aplicando esta idea a la colaboración, podemos ver cómo las personas, ideas y proyectos pueden estar conectados de manera similar, aunque de una forma que aún no comprendemos completamente. La sincronización en la colaboración puede ser vista como una manifestación de este entrelazamiento cuántico, donde nuestras acciones y decisiones están intrínsecamente conectadas con los resultados y acciones de otros, incluso en niveles que están más allá de nuestra percepción consciente.

Reconociendo la Sincronización en Acción

El reconocimiento de la sincronización en nuestras vidas requiere una apertura a la posibilidad de que hay más en juego de lo que se ve a simple vista. Requiere una disposición para confiar en la intuición y en la sensación de que ciertos eventos están ocurriendo por una razón más profunda.

En mis años de coaching y liderazgo, he aprendido a prestar atención a estas señales de sincronización. Ya sea en la elección de colaboradores, en la toma de decisiones clave o en el establecimiento de metas, la sincronización ha sido una brújula silenciosa, guiándome hacia resultados que a menudo superan mis expectativas.

Ejemplos de Sincronización Transformadora

Uno de los ejemplos más impactantes de sincronización en mi vida ocurrió durante la organización de un evento comunitario que estaba destinado a unir a diferentes grupos con un propósito común. Al principio, el proyecto parecía enfrentarse a obstáculos insuperables: falta de fondos, diferencias de opinión entre los organizadores y una participación pública incierta.

Sin embargo, a medida que nos acercábamos a la fecha del evento, comenzaron a ocurrir una serie de coincidencias fortuitas. Una donación inesperada proporcionó el financiamiento necesario, un mediador apareció en el momento adecuado para resolver las disputas internas, y un artículo en los medios locales atrajo la atención del público. Cada una de estas situaciones parecía estar perfectamente sincronizada, como si una fuerza invisible estuviera trabajando detrás de escena para asegurar el éxito del evento.

El resultado fue un evento que no solo cumplió con nuestras expectativas, sino que también dejó un impacto duradero en la comunidad. Fue un recordatorio poderoso de cómo la sincronización puede transformar situaciones difíciles en oportunidades para la magia y el crecimiento.

Sincronización Cuántica y Liderazgo

Como líderes, tenemos la responsabilidad de estar atentos a la sincronización y de crear entornos donde estas conexiones cuánticas puedan florecer. Esto significa cultivar una cultura de apertura, confianza y flexibilidad, donde las coincidencias significativas pueden ser reconocidas y aprovechadas.

En mis roles de liderazgo, ya sea en PlanetaryCitizens.net, Live and Let Live, o en mis otros proyectos, siempre he tratado de fomentar esta conciencia de la sincronización. Alentar a los miembros del equipo a seguir su intuición, a estar abiertos a las posibilidades inesperadas y a ver las coincidencias como señales, ha sido clave para aprovechar el poder de la sincronización en nuestros esfuerzos colectivos.

El Potencial Ilimitado de la Sincronización

La sincronización cuántica sugiere que el potencial para la colaboración consciente es ilimitado. Cuando estamos alineados con nuestra intención y propósito, y cuando estamos abiertos a las posibilidades que el universo presenta, podemos acceder a un nivel más profundo de conexión y creatividad.

Este capítulo concluye con una reflexión sobre cómo podemos cada uno de nosotros invitar más sincronización a nuestras vidas, no solo en el trabajo, sino en todas nuestras interacciones y decisiones. La sincronización no es algo que podamos forzar; es algo que ocurre cuando estamos en armonía con nosotros mismos, con los demás y con el universo en general.

Conclusión: Viviendo en Sincronía

El Capítulo 8 explora cómo la sincronización cuántica puede ser una poderosa herramienta en la colaboración consciente. Al reconocer y aprovechar estas conexiones profundas, podemos crear un impacto más significativo en nuestros proyectos y en el mundo en general.

Vivir en sincronía significa estar en sintonía con las señales del universo, estar dispuesto a seguir el flujo de la vida y confiar en que, cuando estamos alineados con nuestra verdad más profunda, todo lo demás caerá en su lugar. Esta es la esencia de la sincronización: una danza cósmica donde cada paso, cada movimiento, está perfectamente alineado con el siguiente, creando una sinfonía de posibilidades infinitas.

Capítulo 9:

El Poder de la Co-creación - Manifestando un Futuro Consciente

La Co-creación como Motor del Cambio

La co-creación es una de las fuerzas más poderosas en la manifestación de un futuro consciente. Es el proceso mediante el cual individuos y grupos unen sus energías, talentos e intenciones para dar vida a algo que ninguno podría haber creado solo. Este capítulo explora el concepto de co-creación, no solo como una colaboración, sino como una unión sagrada de voluntades y visiones para manifestar un cambio significativo.

Desde mi trabajo en proyectos globales hasta colaboraciones más pequeñas y locales, he visto cómo la co-creación puede actuar como un catalizador para el cambio, inspirando a las personas a trascender sus limitaciones y contribuir a un propósito mayor.

Co-creación en Acción: Ejemplos Inspiradores

Uno de los ejemplos más claros de co-creación en mi vida es el trabajo realizado a través de PlanetaryCitizens.net. Esta plataforma no es simplemente un sitio web; es un espacio para que personas de todo el mundo se unan, compartan ideas y colaboren en proyectos que buscan mejorar la condición humana y proteger nuestro planeta.

En Live and Let Live, la co-creación también ha sido un principio rector. La misión global de promover la paz y la no agresión solo ha sido posible gracias a la colaboración de personas de diferentes culturas, países y perspectivas. Juntos, hemos co-creado un movimiento que trasciende fronteras y que tiene el potencial de cambiar el mundo.

Los Principios de la Co-creación Consciente

La co-creación consciente se basa en varios principios clave que aseguran que el proceso sea armonioso, equitativo y productivo:

1. **Intención Compartida**: La co-creación comienza con una intención compartida que une a los participantes en un propósito común. Esta intención no solo guía las acciones, sino que también sirve como un punto de referencia para evaluar el progreso y mantener el enfoque.

2. **Confianza y Transparencia**: La confianza es fundamental en cualquier esfuerzo de co-creación. Los participantes deben sentirse seguros al compartir sus ideas, talentos y recursos, sabiendo que serán respetados y valorados. La transparencia en la comunicación y la toma de decisiones es clave para mantener esta confianza.

3. **Diversidad e Inclusión**: La co-creación prospera cuando se incluyen diversas perspectivas y habilidades. Cada participante aporta una pieza única del rompecabezas, y la inclusión asegura que el producto final sea más rico y completo.

4. **Fluidez y Adaptabilidad**: La co-creación no es un proceso lineal; requiere fluidez y adaptabilidad para responder a nuevos desafíos y oportunidades. Los equipos de co-creación deben estar dispuestos a ajustar su enfoque a medida que evolucionan las circunstancias.

5. **Compromiso con el Bien Mayor**: La co-creación consciente siempre tiene en mente el bien mayor, tanto para los participantes como para aquellos que se verán afectados por el resultado final. Este compromiso asegura que las acciones tomadas durante el proceso sean éticas y alineadas con valores universales.

La Magia de la Co-creación Cuántica

La co-creación, cuando se lleva a cabo en un nivel elevado de conciencia, puede ser vista como un fenómeno cuántico. Al igual que las partículas cuánticas pueden influir en otras a través del entrelazamiento, los individuos en un proceso de co-creación pueden influir mutuamente de maneras profundas e inesperadas.

He experimentado esta magia de la co-creación cuántica en proyectos donde las ideas fluyeron de manera casi telepática, donde las decisiones fueron tomadas con una claridad y sincronización asombrosas, y donde el resultado final fue mucho mayor que la suma de sus partes. Estos momentos de co-creación cuántica son testimonio del poder que tenemos cuando alineamos nuestras intenciones y trabajamos juntos desde un lugar de conciencia elevada.

Co-creación y Liderazgo

El liderazgo en la co-creación no se trata de dirigir desde arriba, sino de facilitar el proceso desde dentro. Un líder co-creador es alguien que guía al grupo, no imponiendo su voluntad, sino ayudando a cada miembro a expresar su máximo potencial y contribución.

En mis roles de liderazgo, he aprendido que la humildad, la escucha activa y la disposición para ceder el control son cualidades esenciales para facilitar una co-creación efectiva. Un líder co-creador es tanto un participante como un facilitador, y su éxito se mide por la capacidad del grupo para manifestar su visión colectiva.

Ejemplos de Co-creación Transformadora

Uno de los proyectos más transformadores en los que he estado involucrado fue una iniciativa comunitaria destinada a revitalizar un área urbana en declive. El proyecto comenzó como una simple idea para mejorar el entorno, pero a medida que más personas se unieron, se transformó en una visión compartida de un espacio comunitario vibrante, lleno de arte, cultura y vida.

Lo que hizo que este proyecto fuera verdaderamente especial fue la forma en que cada participante trajo sus propios talentos y pasiones a la mesa, y cómo todos trabajamos juntos en armonía para hacer realidad esta visión. La co-creación no solo revitalizó el área, sino que también unió a la comunidad en formas que nunca habíamos imaginado.

La Co-creación como Camino hacia la Evolución Colectiva

La co-creación no es solo un medio para lograr resultados; es un camino hacia la evolución colectiva. A medida que más personas se involucran en procesos de co-creación consciente, no solo estamos construyendo proyectos o iniciativas; estamos construyendo una nueva forma de ser y de relacionarnos.

Este capítulo concluye con una reflexión sobre cómo la co-creación puede ser el motor de un cambio más amplio en la sociedad. A través de la co-creación, podemos manifestar un futuro más consciente, donde la colaboración, la conexión y la conciencia colectiva guíen nuestras acciones y decisiones.

Conclusión: Manifestando el Futuro a Través de la Co-creación

El Capítulo 9 explora cómo la co-creación puede ser un motor poderoso para la manifestación de un futuro consciente. A través de la unión de intenciones, talentos y voluntades, podemos dar vida a visiones que no solo benefician a los individuos, sino a la humanidad en su conjunto.

El poder de la co-creación reside en nuestra capacidad para trabajar juntos desde un lugar de amor, respeto y conciencia elevada. Al hacerlo, no solo manifestamos nuestros sueños, sino que también contribuimos a la evolución de la conciencia colectiva y a la creación de un mundo más armonioso y equitativo.

Capítulo 10:

El Camino de la Unidad - Hacia una Civilización Consciente y Global

El Sueño de la Unidad Global

Desde tiempos inmemoriales, los seres humanos han soñado con un mundo unido, un mundo en el que las divisiones de raza, religión, cultura y geografía se desvanecen frente a nuestra humanidad compartida. Este capítulo explora el camino hacia la unidad global, no como un ideal utópico, sino como una posibilidad tangible que podemos manifestar a través de la conciencia colectiva y la acción concertada.

La unidad no es simplemente la ausencia de conflicto; es la presencia activa de cooperación, respeto mutuo y un sentido profundo de interconexión. A lo largo de mi vida, he trabajado para fomentar esta unidad a través de mis proyectos y esfuerzos colaborativos, creyendo firmemente que es posible construir una civilización consciente que trascienda las barreras que nos han dividido durante tanto tiempo.

El Poder de la Unidad Consciente

La unidad consciente no es una unidad forzada ni homogénea; es una unidad que celebra la diversidad y reconoce el valor de cada individuo y cultura. Esta forma de unidad se basa en la comprensión de que, aunque somos diferentes, estamos inextricablemente conectados por la misma energía vital y el mismo destino planetario.

En PlanetaryCitizens.net, la unidad consciente es el núcleo de nuestra misión. Nos esforzamos por crear un espacio donde las personas de todas partes del mundo puedan conectarse, colaborar y compartir sus visiones para un futuro mejor. A través de esta plataforma, he visto cómo la unidad puede surgir cuando las personas se unen con un propósito común y una visión compartida.

El movimiento Live and Let Live también ejemplifica la unidad consciente en acción. Con capítulos en todo el mundo, este movimiento demuestra que es posible unirse en torno a principios universales de paz, libertad y dignidad humana, a pesar de nuestras diferencias culturales y nacionales.

La Interconexión Global y la Responsabilidad Compartida

A medida que la globalización ha conectado nuestras economías, comunicaciones y culturas, también ha revelado nuestra interdependencia. Los problemas que enfrenta una parte del mundo a menudo tienen repercusiones en todas partes, ya sea el cambio climático, las pandemias o las crisis económicas. Esta interconexión global requiere que asumamos una responsabilidad compartida para cuidar de nuestro planeta y de unos a otros.

La unidad global no significa que todos debamos pensar o actuar de la misma manera, sino que debemos reconocer nuestra responsabilidad colectiva en la creación de un mundo que funcione para todos. Este reconocimiento nos impulsa a actuar de manera que promueva el bienestar de la humanidad y la salud del planeta, entendiendo que nuestras acciones locales tienen un impacto global.

El Rol de la Conciencia en la Creación de Unidad

La unidad global no puede imponerse desde arriba; debe surgir de un cambio en la conciencia a nivel individual y colectivo. A medida que más personas despiertan a su verdadera naturaleza y comprenden su conexión con todos los seres, la unidad se convierte en una elección natural.

La conciencia no es solo un estado de ser; es un proceso dinámico que involucra la expansión de nuestra comprensión, la profundización de nuestra empatía y la ampliación de nuestra visión. A través de la educación, la meditación, la reflexión y la acción consciente, podemos cultivar una conciencia que nos permita ver más allá de nuestras diferencias y abrazar nuestra unidad esencial.

Iniciativas Globales de Unidad

A lo largo de mi vida, he tenido el privilegio de participar en varias iniciativas que buscan promover la unidad global. Estas experiencias me han enseñado que, aunque los desafíos son grandes, también lo es nuestro potencial para superarlos juntos.

Un ejemplo de esto fue mi participación en una conferencia internacional que reunió a líderes de diversas disciplinas para discutir soluciones a los problemas globales. Lo que me impresionó no fue solo la riqueza de ideas que surgieron, sino el espíritu de cooperación y respeto mutuo que permeó el evento. A pesar de nuestras diferentes culturas, idiomas y puntos de vista, compartíamos un compromiso común con la creación de un futuro mejor.

El Futuro de la Unidad Global

El camino hacia la unidad global no será fácil, pero es un camino que debemos recorrer si queremos asegurar un futuro sostenible y equitativo para las generaciones venideras. Este capítulo concluye con una visión de lo que podría ser un mundo verdaderamente unido: un mundo en el que la paz no es solo la ausencia de guerra, sino la presencia activa de justicia, amor y cooperación global.

Imagino un futuro en el que las fronteras se conviertan en líneas en un mapa en lugar de barreras en nuestras mentes, donde las diferencias culturales se celebren como riquezas que enriquecen la experiencia humana, y donde cada persona tenga la oportunidad de contribuir a la creación de un mundo que funcione para todos.

Conclusión: La Llamada a la Unidad

El Capítulo 10 explora el camino hacia la unidad global como un componente esencial de la construcción de una civilización consciente. A medida que nos enfrentamos a los desafíos globales, la unidad no es solo deseable, sino necesaria para nuestra supervivencia y prosperidad colectiva.

El llamado a la unidad es un llamado a la acción consciente, un llamado a elevar nuestra conciencia, a trascender nuestras diferencias y a trabajar juntos para crear un mundo donde todos puedan prosperar. Es un llamado a reconocer nuestra interconexión y a asumir la responsabilidad compartida de cuidar de nuestro planeta y de unos a otros.

Este es el desafío de nuestra era, y es un desafío que podemos y debemos aceptar, con la esperanza y la confianza de que, unidos, podemos construir un futuro más brillante y consciente para todos.

Capítulo 11:

El Legado de la Conciencia - Creando un Impacto Duradero

El Concepto de Legado en la Conciencia

A medida que nos acercamos al final de este viaje, surge una pregunta fundamental: ¿qué legado dejamos para las generaciones futuras? Este capítulo explora el concepto de legado no solo en términos de logros materiales o contribuciones tangibles, sino en términos de la conciencia que cultivamos y propagamos a lo largo de nuestras vidas.

El legado de la conciencia es el impacto duradero que nuestras acciones, pensamientos y energías tienen en el mundo y en las personas con las que interactuamos. Es la huella intangible pero poderosa que dejamos en el tejido de la humanidad y el planeta.

Construyendo un Legado Consciente

El legado que dejamos no es solo el resultado de lo que hacemos, sino de cómo lo hacemos. A lo largo de mi vida, he trabajado para construir un legado consciente, uno que refleje los valores de amor, unidad, paz y sostenibilidad. Este legado no se trata de fama o fortuna, sino de contribuir a la evolución de la conciencia colectiva y al bienestar de todos los seres.

Mis esfuerzos en proyectos como PlanetaryCitizens.net y Live and Let Live son parte de este legado. A través de estos proyectos, espero inspirar a otros a pensar en el impacto que sus vidas pueden tener, no solo en el presente, sino en el futuro. Cada decisión que tomamos, cada acto de bondad, y cada momento de conciencia plena es una semilla plantada para las generaciones venideras.

El Impacto Intergeneracional

El legado de la conciencia se extiende más allá de nuestra vida individual. Se transmite a través de las generaciones, influyendo en cómo nuestros descendientes piensan, sienten y actúan en el mundo. La forma en que cultivamos la conciencia en nuestras vidas puede tener un efecto dominó, impactando a aquellos que nos siguen de maneras que quizás nunca lleguemos a ver.

Reflexionando sobre mi propio linaje, veo cómo las decisiones y los valores de mis antepasados han influido en mi vida y en mi forma de ver el mundo. De la misma manera, mis acciones hoy pueden influir en las generaciones futuras, ayudando a construir una sociedad más consciente y compasiva.

Legados de la Conciencia en la Historia

A lo largo de la historia, hemos visto ejemplos de individuos y movimientos que han dejado un legado de conciencia que continúa inspirando a las personas hoy en día. Desde líderes espirituales hasta activistas por los derechos humanos, estos individuos han mostrado cómo la conciencia puede ser una fuerza poderosa para el cambio positivo.

Gandhi, Martin Luther King Jr., y Nelson Mandela son solo algunos ejemplos de líderes cuyo legado de conciencia ha tenido un impacto duradero en el mundo. Sus enseñanzas y acciones continúan inspirando a las personas a luchar por la justicia, la paz y la dignidad humana, y nos muestran lo que es posible cuando vivimos y actuamos desde un lugar de conciencia elevada.

El Rol del Liderazgo Consciente en la Creación de Legados

El liderazgo consciente es clave para la creación de un legado duradero. Un líder consciente no solo se enfoca en los resultados inmediatos, sino en el impacto a largo plazo de sus decisiones y acciones. Este tipo de liderazgo reconoce que cada decisión tiene el poder de influir en el futuro, y por lo tanto, actúa con una visión de sostenibilidad y bienestar colectivo.

En mis propios roles de liderazgo, siempre he tratado de tomar decisiones que no solo beneficien a aquellos con los que trabajo hoy, sino que también contribuyan a un futuro más consciente para todos. Esto implica tomar en cuenta no solo los beneficios económicos, sino también el impacto social, ambiental y espiritual de nuestras acciones.

El Legado de un Futuro Consciente

A medida que miramos hacia el futuro, la pregunta no es solo qué tipo de mundo queremos dejar atrás, sino también qué tipo de conciencia estamos cultivando para habitar ese mundo. Un futuro consciente es uno en el que la humanidad ha aprendido a vivir en armonía con sí misma, con la naturaleza y con el cosmos.

Este futuro requiere que cada uno de nosotros asuma la responsabilidad de crear un legado de conciencia, uno que inspire y guíe a las generaciones futuras en su propio camino hacia la evolución y el crecimiento espiritual. A través de nuestras acciones cotidianas, podemos contribuir a la creación de este legado, asegurando que el mundo que dejamos atrás esté más alineado con los valores de amor, compasión, unidad y sostenibilidad.

Reflexiones Finales: Viviendo con Intención y Propósito

El Capítulo 11 concluye con una reflexión sobre la importancia de vivir con intención y propósito. Cada momento nos brinda la oportunidad de contribuir al legado que dejamos atrás. Al vivir conscientemente, no solo creamos un impacto positivo en el presente, sino que también aseguramos que nuestro legado sea uno que resuene con las generaciones futuras.

La vida es breve, pero el impacto que podemos tener es inmenso. Al cultivar la conciencia en nuestras vidas, al actuar desde un lugar de amor y compasión, y al trabajar para construir un futuro más consciente, podemos estar seguros de que el legado que dejamos será uno de luz, esperanza y transformación.

Capítulo 12:

El Viaje Continúa - La Expansión de la Conciencia Más Allá del Ahora

La Naturaleza Infinita del Viaje de la Conciencia

El viaje de la conciencia no tiene fin; es una expansión continua que trasciende el tiempo y el espacio. A medida que concluye este libro, este capítulo final reflexiona sobre la naturaleza infinita de este viaje y cómo podemos continuar expandiendo nuestra conciencia más allá del ahora, hacia un futuro desconocido pero lleno de posibilidades.

Este viaje no es lineal ni estático. Es dinámico, fluido y siempre en evolución, llevándonos a nuevos horizontes de comprensión, experiencia y conexión. Cada uno de nosotros está en su propio camino único, pero todos compartimos la misma meta: la expansión de la conciencia y la realización de nuestro verdadero potencial como seres humanos.

El Compromiso con el Crecimiento Continuo

El compromiso con el crecimiento continuo es fundamental para la expansión de la conciencia. A medida que avanzamos en la vida, es fácil caer en la complacencia o conformarse con lo que ya hemos logrado. Sin embargo, la verdadera expansión requiere un compromiso constante para seguir aprendiendo, creciendo y evolucionando.

Esto significa estar abiertos a nuevas ideas, experiencias y desafíos. Significa estar dispuestos a cuestionar nuestras creencias, a confrontar nuestros miedos y a explorar los límites de nuestra comprensión. A través de este compromiso con el crecimiento continuo, podemos asegurarnos de que nuestra conciencia siga expandiéndose, llevándonos a nuevas alturas de realización y comprensión.

La Exploración de Nuevos Reinos de Conciencia

A medida que profundizamos en nuestro viaje de la conciencia, comenzamos a explorar nuevos reinos de existencia que antes parecían inalcanzables. Estos reinos no son necesariamente físicos, sino que pueden ser dimensiones de pensamiento, emoción y espíritu que nos abren a una comprensión más profunda de nosotros mismos y del universo.

A lo largo de mi vida, he explorado muchos de estos reinos a través de la meditación, la reflexión y la conexión con otros buscadores de la verdad. Estas exploraciones me han llevado a descubrir la vastedad de la conciencia, la interconexión de todas las cosas y la infinita posibilidad que reside dentro de cada uno de nosotros.

La Importancia de la Comunidad en la Expansión de la Conciencia

Aunque el viaje de la conciencia es profundamente personal, también es un viaje que se enriquece y se expande a través de la conexión con los demás. La comunidad juega un papel vital en este proceso, ya que nos ofrece el apoyo, la inspiración y los desafíos que necesitamos para crecer.

En mi trabajo con PlanetaryCitizens.net y Live and Let Live, he visto de primera mano cómo las comunidades conscientes pueden actuar como catalizadores para la expansión de la conciencia individual y colectiva. Estas comunidades proporcionan un espacio donde las personas pueden compartir sus experiencias, aprender unas de otras y trabajar juntas para elevar la conciencia global.

El Papel del Amor en la Expansión de la Conciencia

El amor es el motor más poderoso en la expansión de la conciencia. Es a través del amor que nos conectamos más profundamente con nosotros mismos, con los demás y con el universo. El amor nos impulsa a buscar la verdad, a superar nuestras limitaciones y a abrazar nuestra verdadera naturaleza.

A lo largo de este libro, el amor ha sido un tema recurrente, ya sea en la colaboración consciente, en la co-creación o en la construcción de un legado. El amor es la fuerza que nos guía en el viaje de la conciencia, iluminando nuestro camino y recordándonos que, en última instancia, todos somos uno.

La Visión de un Futuro Consciente

A medida que concluye este libro, miro hacia el futuro con una visión de un mundo donde la conciencia ha evolucionado hacia un estado de amor, unidad y paz. Este futuro consciente no es solo un sueño; es una posibilidad real que podemos manifestar a través de nuestras acciones, nuestras intenciones y nuestra dedicación al crecimiento continuo.

En este futuro, la humanidad ha aprendido a vivir en armonía con el planeta, con los demás y con el cosmos. Hemos trascendido las barreras de la división y la ignorancia, y hemos abrazado una nueva era de conciencia iluminada donde todos los seres son valorados y respetados.

El Legado de la Expansión de la Conciencia

El legado que dejamos no es solo el resultado de nuestras acciones, sino también de la conciencia que hemos cultivado a lo largo de nuestras vidas. A medida que continuamos nuestro viaje más allá del ahora, llevamos con nosotros el impacto de nuestra expansión de la conciencia, dejando una huella que inspirará a las generaciones futuras.

Este legado es más que un conjunto de logros o contribuciones; es la vibración de la conciencia que hemos elevado, la energía del amor que hemos propagado y la verdad que hemos encarnado. Es un legado que

69

perdurará mucho después de que hayamos partido, guiando a otros en su propio viaje hacia la expansión de la conciencia.

Conclusión: El Viaje Continua Más Allá del Ahora

El Capítulo 12 concluye con una invitación a todos los lectores a continuar su viaje de la conciencia, a seguir explorando, aprendiendo y creciendo. Este viaje no tiene un final definido, sino que es una expansión infinita hacia la verdad, el amor y la unidad.

A medida que avanzamos más allá del ahora, recordemos que somos tanto los viajeros como los creadores de nuestro destino. Cada momento es una oportunidad para expandir nuestra conciencia, para profundizar en nuestro amor y para contribuir al florecimiento de un mundo más consciente y compasivo.

El viaje de la conciencia continúa, y la invitación es para todos: unámonos en este camino de descubrimiento y expansión, sabiendo que, juntos, podemos manifestar un futuro más brillante, más consciente y más lleno de amor.

Sobre el Autor

Introducción: Bruce 'Zen' Benefiel es un reconocido coach de vida transformacional, autor, orador y fundador visionario de la organización sin fines de lucro Planetary Citizens. Su trabajo está profundamente arraigado en los principios de la armonía, el desarrollo personal y el cuidado del planeta. A lo largo de los años, Zen se ha destacado por su capacidad de combinar la espiritualidad con estrategias prácticas para vivir una vida consciente y con propósito.

Antecedentes y Educación: Nacido en Indianápolis, Indiana, el viaje de Zen comenzó con su adopción y una temprana curiosidad por los misterios de la existencia. Estudió formalmente negocios, obteniendo una licenciatura en Administración de Empresas y más tarde completando una Maestría en Artes en Gestión Organizacional y un MBA. Zen también posee certificaciones en coaching de vida, hipnoterapia y educación secundaria, las cuales han informado su enfoque holístico hacia el desarrollo personal y profesional.

Logros Profesionales: La carrera profesional de Zen es tan diversa como impresionante. Ha trabajado en varios campos, incluyendo la industria aeroespacial, la educación, la gestión de eventos y el liderazgo espiritual. A principios de los 90, fue presentador del programa de televisión *One World*, donde exploró la intersección de las realidades internas y externas con una amplia gama de invitados. Su liderazgo se extiende a la dirección del Movimiento Global de Paz Live and Let Live, donde juega un papel crucial en la promoción de la paz y la sostenibilidad a nivel mundial.

Publicaciones y Contribuciones: Zen es autor de varios libros provocativos, como *"ZERO to ONE: Making Our Way Toward a Conscious Civilization"*, *"Navigating Holistic Growth: The Servant Leader's Guide"*, y *"The Unconventional Conventionalist: Coagulating Possibilities from*

Chaos". Estas obras reflejan su compromiso con la exploración de la conciencia y la orientación a otros en sus viajes de autodescubrimiento y transformación. Su escritura entrelaza anécdotas personales, ideas filosóficas y consejos prácticos, haciendo que conceptos complejos sean accesibles y comprensibles.

Motivación para Escribir: La escritura de Zen está impulsada por su deseo de inspirar a otros a despertar a su verdadero potencial y a reconocer la interconexión de toda la vida. Sus libros no solo tratan de impartir conocimiento, sino de catalizar un cambio en la conciencia que pueda conducir a una transformación personal y planetaria.

Vida Personal e Intereses: La vida personal de Zen es tan dinámica como sus esfuerzos profesionales. Se casó con su segunda esposa, una nativa de la URSS y profesora de yoga Kundalini, en lo que describe como una "maravillosa conspiración cósmica". Juntos, comparten un profundo compromiso con el crecimiento espiritual y el cuidado del planeta. Zen también disfruta explorando las profundidades de la conciencia, a menudo a través de la meditación y otras prácticas espirituales.

Comentarios Finales: El viaje de Bruce 'Zen' Benefiel es un testimonio del poder de la transformación personal y del impacto que un individuo puede tener en la conciencia colectiva. Su vida y trabajo nos inspiran a buscar nuestro propio despertar interior y a contribuir a la creación de un mundo más armonioso y sostenible.